DEUX ANS DE VACANCES

JULES VERNE

Adapté en français facile
par Brigitte Faucard-Martinez

CLE
INTERNATIONAL

<u>Jules Verne</u> naît le 8 février 1828 à Nantes. Vingt ans plus tard, il s'installe à Paris pour commencer ses études de droit et suivre la tradition familiale : son père est en effet un célèbre avocat. Mais Jules Verne n'a qu'une idée en tête : écrire.

Il commence par le théâtre et, grâce à sa rencontre avec Alexandre Dumas, sa comédie *Les Pailles rompues* peut être jouée.

Tout en continuant à travailler pour le théâtre, Jules Verne écrit ses premiers romans. En 1862, il publie *Cinq semaines en ballon*. Cette œuvre connaît immédiatement un grand succès.

Encouragé par ces résultats, Jules Verne travaille alors sans relâche. *Les Aventures du capitaine Hatteras* (1864), *Les Enfants du capitaine Grant* (1867-1868), *Vingt mille lieues sous les mers* (1870), *Le Tour du monde en quatre-vingts jours* (1873), *Un capitaine de quinze ans* (1878), *Deux ans de vacances* (1888) et bien d'autres romans sont publiés pour la plus grande joie de ses lecteurs.

Il meurt à Amiens le 24 mars 1905.

* * *

Pour écrire ses romans, Jules Verne, l'initiateur du roman scientifique en France, se met à étudier toutes sortes de matières : la géographie, la physique, les mathématiques... Cela lui permet d'acquérir un vocabulaire spécialisé et de donner plus de vérité à ses récits.

Le grand intérêt de *Deux ans de vacances*, en plus des données scientifiques propres à tous les romans de Jules Verne, est de mettre en scène des enfants qui doivent affronter seuls toutes sortes de dangers. Ces « Robinson Crusoé » ont recours non seulement à leurs connaissances, mais aussi à leur imagination, pour pouvoir lutter contre les éléments et survivre dans une nature parfois hostile. C'est ainsi qu'ils grandissent et deviennent des hommes.

Le message donné par Jules Verne dans ce roman est clair et encourageant : dès son jeune âge l'homme, avec un peu de volonté et beaucoup d'imagination, peut sortir gagnant de bon nombre d'épreuves.

Les mots ou expressions suivis d'un astérisque* dans le texte sont expliqués dans le Vocabulaire, page 59.

*L*E PENSIONNAT[1] Chairman est l'un des meilleurs de la ville d'Auckland, capitale de la Nouvelle-Zélande. On y compte une centaine d'élèves qui appartiennent aux plus riches familles du pays.

Le 14 février 1860, dans l'après-midi, tous ces enfants quittent pour deux mois leur cher collège. C'est en effet le début des vacances. Deux mois de liberté les attendent !

Parmi tous ces enfants, quatorze ont encore plus de raisons d'être heureux. Ils vont en effet faire un voyage en mer à bord du yacht* *Sloughi* et visiter les côtes* de la Nouvelle-Zélande.

Mais il est temps maintenant de présenter ces intrépides[2] garçons.

Ils ont entre huit et quinze ans et, à l'exception de deux Français et d'un Américain, ils sont tous d'origine anglaise.

Doniphan et Cross, âgés de treize ans et quelques mois, sont cousins et appartiennent à

---

1. Pensionnat : école où les enfants sont nourris et logés.
2. Intrépide : qui ne tremble pas devant le danger.

une famille de propriétaires terriens. Doniphan est un garçon très intelligent qui n'aime jamais perdre, ce qui fait qu'il veut dominer partout où il se trouve. Ce côté de son caractère le fait s'affronter depuis plusieurs années à Briant, un des jeunes Français du collège. Quant à Cross, il a une telle admiration pour son cousin qu'il fait tout ce que celui-ci lui demande.

Baxter, qui a le même âge, est un enfant travailleur et très adroit de ses mains.

Webb et Wilcox, âgés de douze ans et demi, ont un caractère plutôt bagarreur[1].

Garnett et son copain Service – douze ans tous les deux – se connaissent depuis très longtemps et sont inséparables. Le premier adore jouer de l'accordéon et le deuxième, le plus gai de la bande, aime beaucoup les voyages et ne rêve que d'aventures.

Il faut maintenant nommer deux autres garçons âgés de neuf ans. Le premier, Jenkins, est le fils du directeur de la Société des Sciences; l'autre, Iverson, est le fils d'un pasteur[2]. Viennent ensuite deux enfants, Dole, huit ans et demi, et Costar, huit ans, tous les deux fils d'officiers de l'armée anglo-zélandaise.

---

1. Bagarreur : qui aime se battre.
2. Pasteur : homme qui est chargé du culte dans la religion protestante.

Il reste à parler des trois autres garçons qui vont s'embarquer* sur le yacht, l'Américain et les deux Français.

L'Américain se nomme Gordon et est âgé de quatorze ans. Il possède un esprit juste, un sens pratique et ses camarades l'aiment beaucoup.

Les deux jeunes Français, Briant et Jacques, sont les fils d'un ingénieur célèbre qui est venu s'installer en Nouvelle-Zélande. L'aîné a treize ans. C'est un garçon brillant et un peu paresseux mais, grâce à son intelligence, il réussit parfaitement ses études, ce qui rend Doniphan particulièrement jaloux. Briant est d'autre part très serviable[1] et il a toujours tendance à protéger les plus faibles contre ceux qui abusent de leurs forces, c'est pourquoi il est généralement aimé de ses camarades.

Quant au cadet, Jacques, dix ans, il est considéré jusque-là comme le plus espiègle[2] de sa classe.

Il faut parler aussi d'un beau chien de chasse, Phann, qui appartient à Gordon et qui ne quitte jamais son maître. Naturellement, il fait lui aussi partie du voyage.

Tels sont les jeunes garçons qui, le 14 au soir, vont s'embarquer sur le *Sloughi*.

---

1. Serviable : qui rend service, qui aide ses camarades.
2. Espiègle : coquin, qui aime plaisanter.

Quand ils parviennent au bateau, le capitaine* n'est pas encore arrivé et les marins* sont allés boire un verre avant le départ. C'est donc le mousse*, Moko, un jeune Noir de douze ans, qui reçoit les jeunes passagers.

Il les conduit aux couchettes et les enfants, qui veulent être frais et dispos[1] quand on lèvera l'ancre*, décident d'aller se coucher et dorment bientôt d'un profond sommeil.

Moko ne tarde pas à faire de même.

Une nuit noire enveloppe le port. Soudain, on ne sait pourquoi, l'amarre* du yacht se détache et le *Sloughi*, poussé par le vent de terre qui commence à être fort, se met à avancer vers la haute mer. À bord, on ne s'aperçoit de rien.

Lorsque, vers deux heures du matin, le mousse se réveille, il comprend que quelque chose d'étrange est arrivé. Il se précipite sur le pont*... le yacht est en dérive*!

Il se met à pousser des cris ; en l'entendant, Gordon, Briant, Doniphan descendent de leurs couchettes et vont le rejoindre. Ils appellent à l'aide, mais en vain. Ils ne voient plus une seule lumière de la ville. Le yacht est déjà en plein golfe*, à trois milles[2] de la côte.

Suivant les conseils de Briant et de Moko, ces

---

1. Frais et dispos : reposé et en pleine forme.
2. Mille : mesure anglo-saxonne de longueur (1609 m).

Briant et Moko essaient de manœuvrer le bateau.

jeunes garçons essaient de mettre une voile*, pour revenir au port. Mais trop lourde pour être orientée convenablement, cette voile ne sert qu'à les entraîner plus loin.

Le *Sloughi* se trouve bientôt à plusieurs milles de la Nouvelle-Zélande.

Alors, emportés par le vent, les jeunes garçons se croient perdus. Quand le jour se lève, la mer est déserte. Pas un navire ne passe près du yacht. La nuit vient, plus mauvaise encore que la précédente, et le vent ne cesse de souffler de l'ouest.

Les jeunes garçons essaient de manœuvrer le bateau afin de le ramener vers la côte. Mais c'est impossible. Ils ne savent pas suffisamment de choses pour changer sa vitesse, et la force leur manque pour installer les voiles.

À Auckland, lorsque la disparition du *Sloughi* est constatée dans la nuit même du 14 au 15 février, le directeur du port prend les mesures nécessaires pour venir au secours du yacht. Pendant toute la nuit, des bateaux parcourent les environs. Mais, au petit matin, ils rentrent avec une mauvaise nouvelle : le *Sloughi* a disparu et il n'y a aucun espoir de le retrouver.

QUELQUES JOURS plus tard, une tempête se lève et, pendant deux semaines, elle se déchaîne[1] avec une force incroyable.

Cette nuit-là, elle est encore plus violente.

Gordon, Briant, Doniphan et Moko sont au gouvernail*. Ils font tout pour éviter au *Sloughi* de faire une embardée* sur un bord ou un autre. Le yacht, tantôt emporté au sommet d'une énorme vague, tantôt précipité au fond d'un gouffre[2], risque à tout moment de chavirer*. Les jeunes garçons sentent bien que, si la tempête tarde à se calmer, leur situation sera désespérée. Jamais le bateau ne va résister aux masses d'eau qui finiront par abîmer les capots* et par entrer dans les cabines.

Vers quatre heures et demie du matin, on aperçoit à l'horizon les premières lueurs du jour.

C'est alors que Moko crie :

– Terre !... Terre !

– Une terre ? Tu es sûr ? demande Briant.

---

1. Se déchaîner : devenir violent.
2. Gouffre : trou d'une grande largeur et d'une grande profondeur.

– Oui !... Oui, certainement, répond Moko. Regardez bien, là-bas... Tenez, tenez !...

– Oui ! La terre !... C'est bien la terre ! s'écrie Briant.

– Et une terre très basse ! ajoute Gordon.

À ce moment, le vent se met à souffler avec plus de force. Le *Sloughi*, emporté comme une plume, se précipite vers la côte.

Tandis que Doniphan, Gordon et Moko restent à la barre*, Briant va à l'avant du bateau et regarde la terre qui se rapproche à vue d'œil tant la vitesse est grande. Il distingue nettement la plage, une falaise*, des groupes d'arbres et même l'embouchure[1] d'une rivière à droite. Il cherche en vain une place où le yacht peut échouer* dans de bonnes conditions. En effet, de ce côté-ci de la côte il n'y a qu'un banc de récifs*, sur lequel, au premier choc, le *Sloughi* risque de se briser[2].

Briant pense alors qu'il vaut mieux avoir tous ses camarades sur le pont au moment où l'échouage* va se produire.

Il ouvre la porte du capot et crie :

– En haut, tout le monde !

Tous les enfants, suivis de Phann, se précipitent alors sur le pont et vont se placer à l'arrière du yacht. Les plus petits, en voyant les énormes

---

1. Embouchure : ouverture par laquelle une rivière se jette dans une mer.
2. Se briser : se casser, se rompre.

« Terre !… Terre ! » s'écrient-ils.

vagues qui se jettent sur le bateau, poussent des cris d'épouvante[1].

Un peu avant six heures du matin, le *Sloughi* arrive tout près du banc de récifs.

– Tenez-vous bien ! Tenez-vous bien ! crie Briant aux petits.

Soudain, une énorme vague soulève le bateau et le pousse une cinquantaine de pieds[2] en avant. Il ne touche pas les rochers, dont les pointes apparaissent de tous côtés, mais, incliné sur bâbord*, il reste immobile au milieu de la mer déchaînée.

C'est alors qu'une énorme lame*, dont la hauteur dépasse vingt pieds, arrive à toute vitesse, venant de la haute mer. Elle couvre entièrement le banc de récifs, soulève le *Sloughi* et l'entraîne par-dessus les rochers.

En moins d'une minute, le yacht, porté jusqu'au centre de la plage, échoue contre une butte[3] de sable et reste là, immobile, sur la terre ferme, pendant que la mer, en se retirant, laisse toute la plage à sec.

---

1. Épouvante : grande peur.
2. Pied : ancienne unité de mesure de longueur (0,324 m).
3. Butte : tas de sable assez élevé.

*L*A CÔTE est déserte. Depuis une heure, le *Sloughi* est couché sur le sable. Personne n'est encore apparu sur la plage. Sous les arbres et au bord de la rivière, on ne voit rien, ni maison, ni habitant.

– Nous voilà à terre, c'est déjà quelque chose ! dit Gordon. Mais quelle est cette terre qui semble inhabitée ?...

– J'espère qu'elle est au moins habitable, répond Briant. Nous avons des provisions et des munitions[1] pour quelque temps mais il nous manque un abri. Il faut en trouver un... au moins pour les petits.

– Oui, tu as raison ! répond Gordon.

– Et il faut aussi savoir où nous nous trouvons. Si c'est un continent, nous pouvons trouver du secours. Si c'est une île... en plus inhabitée... eh bien, nous verrons ! Pour le moment, nous pouvons vivre encore sur le *Sloughi* jusqu'à ce que l'on trouve quelque chose de mieux.

---

1. Munitions : armes pour se défendre.

Mais il est temps de manger. Moko, avec l'aide de Service, qui aime bien cuisiner, s'occupe de préparer un repas. Tous mangent de bon appétit et, à la fin du repas, on dit même quelques plaisanteries. Seul, Jacques Briant, pourtant toujours si drôle, ne participe pas à la joie de ses camarades. Ce changement dans son caractère est bien étonnant.

Enfin, après tant de jours et tant de nuits passés au milieu de la tempête, tous n'ont plus qu'un désir : dormir. Les petits se jettent aussitôt sur leurs couchettes et les grands décident de veiller à tour de rôle[1], car on ne sait jamais ce qui peut se passer. Mais la nuit est très calme.

Le lendemain, on fait l'inventaire[2] des provisions et du matériel qu'on peut encore utiliser. Pour le matériel, tout va assez bien. On dispose d'armes, d'instruments, de vêtements chauds et légers, utiles dans toutes les circonstances – surtout si les enfants doivent vivre là beaucoup de temps avant l'arrivée de secours – et d'outils. Le problème le plus grave est celui de la nourriture, car la côte semble vraiment déserte. Il faudra donc penser à pêcher et à chasser.

Les jours passent et la question de savoir où on est continue de préoccuper les grands.

---

1. À tour de rôle : chacun son tour, l'un après l'autre.
2. Faire l'inventaire : faire une liste, une énumération des choses dont on dispose.

Depuis une heure, le Sloughi *est couché sur le sable.*

– Je suis prêt à aller faire une exploration, dit Briant.

– Moi aussi, répond Doniphan.

– Bien, dit Gordon, cela me semble une bonne idée. Dès que le temps le permettra, vous partirez.

En effet, depuis la veille, une pluie fine tombe souvent et empêche les jeunes garçons de mettre leur projet à exécution.

Le lendemain, le temps est encore plus mauvais : le vent souffle violemment et la pluie ne cesse de tomber. Cette situation dure pendant plusieurs jours. Les garçons passent leurs journées dans le yacht et en profitent pour réparer le bateau qui a bien souffert pendant la tempête.

Lorsque la pluie et le vent se calment un peu, Doniphan, Webb et Wilcox vont chasser des oiseaux. Quant à Garnett, Service, Cross, auxquels se joignent les petits, ils s'occupent de ramasser des coquillages et de pêcher.

Le 27 mars, une capture plus importante donne lieu à un incident très amusant.

Pendant l'après-midi, la pluie ayant cessé de tomber, les petits sont allés du côté de la rivière avec leur matériel de pêche.

Soudain, on les entend crier.

– Arrivez ! Arrivez ! crie Jenkins.

– Venez voir Costar et sa monture[1] ! dit Iverson.

---

1. Monture : animal sur lequel on monte pour se faire transporter.

*Les garçons s'occupent de ramasser
des coquillages et de pêcher.*

Tous accourent et voient Costar monté sur une énorme tortue. Surprise sur la plage, elle cherchait à regagner son élément naturel.

Briant éclate de rire en voyant le spectacle. Mais, pratique, il voit aussitôt l'intérêt de la capturer.

– Il n'y a qu'un seul moyen, dit Gordon, c'est de la renverser sur le dos !

Ils joignent toutes leurs forces et, après bien des efforts, ils arrivent à la renverser. Là, elle est totalement prisonnière car elle ne peut plus se remettre sur ses pattes.

Briant lui frappe alors la tête d'un coup de hache si bien qu'elle perd aussitôt la vie. On la dépèce[1] sur place pour pouvoir la transporter jusqu'au yacht. Cette tortue va donner plus de cinquante livres[2] de viande, ce qui permettra d'économiser les conserves du bateau.

Le mois de mars s'achève dans ces conditions.

Avant que l'hiver arrive, les grands veulent absolument savoir où ils se trouvent et ils décident de faire un voyage de reconnaissance.

Le 1er avril, il semble évident que le temps va s'améliorer et les enfants font les préparatifs pour leur expédition.

Le jour du départ arrive enfin. À sept heures du

---

1. Dépecer : découper un animal en morceaux.
2. Livre : unité de poids qui vaut 0,453 kg.

Les voici montés sur une énorme tortue !

matin, Briant, Doniphan, Wilcox et Service quittent le *Sloughi*, accompagnés de Phann. Ils prennent la direction de l'est. Ils emportent avec eux des provisions pour quatre jours et des armes.

Ils se dirigent d'abord vers la falaise. Après l'avoir franchie, ils pénètrent dans une immense forêt. Là, ils avancent lentement, car la végétation est si dense qu'ils doivent à tout moment couper les herbes à coups de hache.

Vers sept heures du soir, n'ayant toujours pas atteint la limite de la forêt, ils décident de passer la nuit sous les arbres.

Le lendemain, à sept heures, Briant et ses compagnons sont réveillés par les cris de Service qui est debout depuis un moment.

– Venez voir ça, c'est vraiment étonnant !

Et il leur montre une sorte de cabane de feuillage.

– Il y a donc des habitants ?... dit Doniphan.

– Ou, du moins, il y en a eu, répond Briant.

Ils visitent soigneusement la cabane et trouvent un morceau de terre cuite qui doit provenir d'une assiette... Cette découverte leur semble étrange.

Vers sept heures et demie, les jeunes gens reprennent leur route vers l'est. Ils sortent enfin de la forêt et découvrent une plage et la mer qui s'étend au loin.

Quelle déception! Ils sont bien sur une île.

Ils décident de déjeuner et de se remettre

rapidement en route pour arriver au *Sloughi* avant la tombée de la nuit.

Après le repas, qui est fort triste, Doniphan ramasse son sac et son fusil et dit :

– Partons !

Tous se lèvent. C'est alors que Phann court vers la mer et se met à boire.

– Il boit !... Il boit !... s'écrie Doniphan.

Il court à son tour derrière Phann et se met aussi à boire. L'eau est douce ! C'est un lac qui s'étend jusqu'à l'horizon. Ce n'est pas la mer.

La question de l'île ou du continent n'est donc toujours pas résolue. Les jeunes garçons décident alors de descendre vers le sud en longeant le lac.

Vers sept heures du soir, la nuit étant tombée, ils s'installent entre les énormes racines d'un arbre pour dormir, après avoir avalé un rapide dîner.

Le lendemain, après avoir examiné l'endroit où ils se trouvent, Wilcox s'écrie :

– Heureusement que nous n'avons pas continué à marcher, hier soir. Il fallait franchir une petite rivière, puis on trouvait un marais[1].

– En effet, répond Briant, c'est un marais qui s'étend vers le sud et on n'en voit pas la fin.

– Regardez ces canards, ces bécassines[2] qui

---

1. Marais : étendue d'eau peu profonde sur un terrain envahi par la végétation.
2. Bécassine : oiseau des marais, au long bec.

volent à la surface. Il faut s'installer ici pour l'hiver, car nous ne manquerons pas de provisions.

– C'est une bonne idée, dit Briant. Cherchons un endroit.

Il se met à regarder un peu partout et, soudain, son attention est attirée par des planches de bois entassées sur le bord de la rivière. Ce sont, de toute évidence, les restes d'une barque. Mais ils sont si abîmés que l'on voit immédiatement qu'il y a des années que personne n'a utilisé cette embarcation. Cependant, voilà la deuxième preuve que quelqu'un a déjà vécu à cet endroit.

Les jeunes garçons continuent à se promener dans le coin[1]. C'est alors qu'ils remarquent l'attitude du chien : Phann vient de s'arrêter, une patte levée et, soudain, il se met à courir vers un groupe d'arbres qui se trouve au pied d'une falaise, du côté du lac.

Briant et ses camarades le suivent. Peu après, ils découvrent sur le tronc d'un arbre deux lettres gravées et une date, le tout disposé ainsi :

F B
1807

Les jeunes garçons ont à peine le temps de lire cette inscription, que leur attention est de nou-

---

1. Dans le coin : dans les environs.

veau attirée par l'attitude de Phann. Il continue de courir de tous côtés et il disparaît soudain, puis il revient vers les enfants et tout, en lui, indique qu'il veut être suivi.

– Allons où il veut nous mener ! dit Doniphan.

Après avoir fait quelques pas, Phann s'arrête devant un tas de broussailles et d'arbustes, toujours au pied de la falaise.

Briant écarte prudemment les broussailles et aperçoit une étroite ouverture.

– Il y a donc là une caverne ? s'écrie-t-il.

Ils n'hésitent pas une seconde et décident de se glisser par l'ouverture mais avant, par sécurité, Briant lance dans le trou une poignée d'herbes sèches qu'il vient d'allumer. Les herbes brûlent vivement, l'air est donc respirable. Ils entrent. Là, ils trouvent plusieurs objets ayant appartenu à un être humain : une tasse, du matériel de pêche, un lit avec une couverture usée.

Phann, qui est ressorti, aboie de toutes ses forces. Les jeunes gens courent le retrouver. Là, au pied d'un arbre, un squelette est couché sur le sol.

Les garçons le contemplent, impressionnés.

Ils retournent à la caverne. Ils veulent en savoir plus sur cet homme qui est venu mourir là. Ils trouvent d'autres objets et, sous un coin de la couverture, un cahier aux pages jaunies par le temps.

C'est le journal de la vie de cet homme. Il s'appelait François Baudoin, il était marin et, après une tempête, il avait échoué sur cette terre où il a trouvé la mort.

Dans le cahier, Doniphan trouve un papier plié en deux. C'est une carte que Baudoin a tracée. Après l'avoir examinée attentivement, les enfants découvrent que la mer entoure de tous côtés l'endroit où ils se trouvent. Ils sont donc sur une île, voilà pourquoi François Baudoin n'a pas pu en sortir.

Les jeunes garçons décident alors de rentrer au plus vite à Sloughi-bay, comme ils appellent le camp où ils vivent.

CHAPITRE IV

*D*ÈS LEUR RETOUR, Briant et ses compagnons racontent leur découverte à leurs
cama rades et on décide de s'installer à
French-den (Grotte française), nom que les
enfants donnent à la caverne en souvenir du
marin Baudoin.

Le 6 mai, tous passent leur première nuit à
French-den, où ils sont arrivés sur un radeau*
qu'ils ont construit avec des restes du *Sloughi*.
Avec eux, ils ont bien sûr emporté tout le matériel nécessaire pour leur installation ainsi que les
réserves de provisions.

Peu à peu, les enfants prennent leurs habi-
tudes à French-den et chaque jour la vie y est
plus agréable grâce aux aménagements[1] qu'ils
font dans la caverne, quand le mauvais temps les
empêche d'aller chasser ou de récolter toutes
sortes de plantes.

Le soir du 10 juin, après le dîner, tous sont
réunis dans la caverne autour d'un poêle qui
donne une bonne chaleur, et un des enfants pro-

---

1. Aménagements : arrangements, améliorations.

pose de donner des noms aux différentes zones de l'île.

– C'est une excellente idée, dit Briant.

– Comment appelons-nous la rivière qui se jette dans Sloughi-bay ? demande Wilcox.

– La rivière Zealand, propose Baxter, pour nous souvenir de notre pays.

– Et le lac ?... demande Garnett.

– Appelons-le Family-lake (Lac de la Famille); c'est une pensée pour nos chers parents.

Ce nom est aussitôt admis.

Et ainsi de suite.

L'ambiance est extraordinaire. Ces jeunes garçons ne sont plus des naufragés*, mais des colons[1] de l'île.

Mais de quelle île ?... Il faut aussi lui donner un nom.

– Tiens !... tiens !... Je sais comment l'appeler, s'écrie Costar.

– Tu sais cela... toi ? dit Doniphan.

– L'île Bébé, sans doute ! ajoute Service.

– Allons, cessez de plaisanter; nous t'écoutons, Costar, dit Briant.

– Eh bien, puisque nous sommes des élèves de la pension Chairman, appelons-la l'île Chairman !

Tous applaudissent. Costar rougit de plaisir.

---

1. Colon : personne qui part d'un pays et va s'installer sur une autre terre.

Briant prend alors la parole.

– Mes camarades, maintenant que nous avons donné un nom à notre île, il faut choisir un chef pour la gouverner[1].

– Oui, un chef... Nommons un chef ! s'écrient à la fois grands et petits.

– D'accord! Et qui allons-nous nommer? demande Doniphan d'un ton inquiet.

– Qui nommer? répond Briant. Mais le plus sage de tous... notre camarade Gordon.

– Oui !... Oui !... Hourra pour Gordon!

Et voilà comment Gordon devient le chef de la petite colonie de l'île Chairman.

Pour organiser la vie intérieure dans les meilleures conditions, Gordon se met à élaborer un programme d'occupations quotidiennes.

Dans ce programme, il y a la part des petits et la part des grands, forcément très inégales.

Deux heures le matin, deux heures le soir, les grands doivent faire la classe aux petits pour qu'ils n'oublient pas ce qu'ils ont appris. Ils leur enseignent les mathématiques, la géographie, l'histoire, etc.

Le temps passe vite, car il y a beaucoup de travail à French-den. Il faut trouver de la nourriture et donc chasser, quand le temps le permet, laver le linge, cuisiner...

---

1. Gouverner : diriger.

Un dimanche de mai, les jeunes colons décident de s'accorder une journée de repos. Ils font d'abord une excursion au bord du Family-lake, mais comme il fait très froid car l'hiver commence à s'installer, ils rentrent à French-den préparer un dîner bien chaud et la soirée se termine par un concert que donne Garnett avec son accordéon.

Cette année-là, l'hiver est un peu rude[1] car il neige beaucoup, et les enfants doivent trouver du bois pour ne pas avoir froid. Mais, grâce à leur courage et leur travail, ils parviennent à ne pas trop souffrir de la situation.

Pendant la dernière semaine d'août et la première de septembre, la neige commence à fondre et la belle saison s'annonce, ce qui met en joie les jeunes garçons.

---

1. Rude : dur.

*P*ENDANT la seconde quinzaine d'octobre, les enfants font plusieurs excursions pour rapporter des provisions à French-den. Ils chassent des sangliers et des cerfs, et ils trouvent certaines herbes qu'ils vont planter près de la caverne pour remplacer les légumes et le thé, si cher aux Anglais, dont la réserve est épuisée[1].

Le 15 décembre, nos jeunes amis partent faire une expédition à Sloughi-bay, car le temps est magnifique. Le but de cette sortie est, en réalité, une chasse aux phoques[2]. En effet, il ne reste plus une seule goutte d'huile végétale pour cuisiner et Gordon a l'idée de la remplacer par de l'huile animale.

Quand les jeunes colons arrivent sur la plage, une centaine de phoques sont là à se chauffer au soleil.

Les garçons en tuent un nombre nécessaire pour leurs besoins, puis ils s'occupent de les

---

1. Épuisé : terminé.
2. Phoque : mammifère marin.

dépecer et de récupérer l'huile en faisant chauffer les morceaux de viande dans des bassines qu'ils ont emportées.

Ils campent la nuit sur la plage et rentrent le lendemain à French-den à six heures du soir.

Le jour de Noël approche et l'on a prévu de faire un vrai festin[1].

Le grand jour arrive enfin. Chacun met ses plus beaux habits pour le dîner.

Sur la grande table, recouverte d'une belle nappe blanche, un petit sapin de Noël occupe la place centrale.

Moko a préparé un repas succulent et tous lui font des compliments car, grâce à lui, ce Noël fêté loin de leur famille se passe merveilleusement bien pour les jeunes garçons.

Huit jours après commence l'année 1861 et, avec elle, dans cette partie du monde où se trouve l'île Chairman, c'est l'été.

Les enfants profitent de la belle saison pour faire toutes sortes d'excursions afin de mieux connaître l'île.

Un soir, Jacques et Briant, accompagnés de Moko, vont se promener au bord du lac.

Moko s'est éloigné un peu des deux frères pour aller cueillir des fruits sauvages. Au moment où il va les rejoindre, il est surpris d'entendre des

---

1. Festin : grand repas de fête, composé de plats délicieux.

*Quand les garçons arrivent sur la plage, une centaine
de phoques sont là à se chauffer au soleil.*

gémissements[1] et des cris.

– Que se passe-t-il ? se demande-t-il.

Il s'approche rapidement, pensant que les frères sont en danger, et il entend Briant crier :

– Malheureux !... Comment, c'est toi... toi qui as fait cela !... Toi qui es responsable de...

– Pardon... frère... pardon !

– Voilà pourquoi ton attitude envers tes camarades a tant changé... Ah ! Ils ne doivent pas savoir ! Non, pas un mot... pas un mot... à personne.

Et il tourne le dos à Jacques pour rentrer à French-den.

– Monsieur Briant, dit alors Moko, j'ai entendu...

– Quoi ? Tu sais ce que Jacques...?

– Oui, monsieur Briant... et il faut lui pardonner.

– Les autres lui pardonneront-ils ?

– Peut-être ! répond Moko.

Briant lui prend le bras en poussant un soupir et ils rentrent tous les trois à French-den. À partir de ce jour, Gordon constate, sans comprendre pourquoi, que, dans toutes les occasions où il faut montrer du courage, Briant pousse son frère à agir et il s'étonne de voir Jacques accepter avec joie.

Pendant la première semaine de mai, le froid recommence à se faire sentir et il faut rallumer tous les poêles installés l'année précédente à French-den.

---

1. Gémissements : plaintes, petits cris de douleur ou de tristesse.

Dès le 25 mai, les premières neiges apparaissent ; plus tôt que l'année d'avant. Heureusement, grâce au travail constant des enfants, rien ne manque à French-den : chaleur, lumière, alimentation, tout est assuré pour plusieurs mois.

Une année passe. Gordon a été nommé chef de l'île pour un an et, le 10 juin, il faut choisir un autre chef. Cette élection inquiète beaucoup Doniphan.

Le 10 juin arrive.

On décide de voter en secret en écrivant le nom du camarade choisi sur un papier.

Les résultats obtenus sont les suivants :

Briant : *huit voix*
Doniphan : *trois voix*
Gordon : *une voix*

En entendant ce résultat, Doniphan ne peut cacher une certaine colère.

Briant, très surpris d'avoir obtenu la majorité des voix, est sur le point de refuser ; mais, après avoir regardé son frère, il dit :

– Merci, mes camarades, j'accepte.

À partir de ce jour, Briant est pour une année le chef des jeunes colons de l'île Chairman.

Mais ce changement crée beaucoup de tensions. Doniphan et ses compagnons ne supportent pas d'être sous les ordres de Briant et, dès qu'ils le peuvent, ils désobéissent.

L'ambiance, qui était relativement bonne l'année d'avant, devient très désagréable.

Sauf aux heures des repas, Doniphan et ses camarades, Cross, Webb et Wilcox, vivent à part. Quand le mauvais temps les empêche de sortir, ils se réunissent dans un coin de la caverne et parlent entre eux à voix basse.

– Je suis sûr, dit un jour Briant à Gordon, qu'ils ont un plan et qu'ils vont agir. Est-ce qu'ils veulent se séparer de nous ? J'ai vu Wilcox prendre une copie de la carte du naufragé Baudoin et c'est sans aucun doute dans le but de l'emporter.

Le 9 octobre au soir, Doniphan déclare à tous les habitants de French-den qu'il va les quitter avec Webb, Cross et Wilcox.

– Nous avons fait le projet de nous installer sur une autre partie de l'île, dit-il.

– Et pourquoi, Doniphan ? demande Baxter.

– Tout simplement parce que nous voulons vivre à notre manière et parce que nous n'aimons pas recevoir des ordres de Briant.

– Bien! répond Briant. Vous êtes libres de partir et d'emporter votre part d'objets.

– C'est ce que nous ferons, dès demain, répond Doniphan.

En effet, le lendemain, les quatre jeunes garçons disent adieu à leurs camarades et partent vers le nord.

*L*ES JOURS passent et les habitants de French-den n'ont pas de nouvelles de leurs camarades. Depuis leur départ, la vie des jeunes colons est devenue bien triste. Briant se sent responsable de la situation.

Gordon cherche en vain à le consoler[1] en lui disant :

– Ils reviendront, Briant, et plus tôt qu'ils ne le pensent. Avant la mauvaise saison, ils seront de nouveau à French-den.

Briant hoche la tête[2] et ne répond rien.

« Avant la mauvaise saison..., pense-t-il. Il faut donc passer encore un hiver sur cette île. Quand pourrons-nous retourner chez nous ? »

Briant veut trouver le moyen de rentrer en Nouvelle-Zélande. Il pense à ce problème jour et nuit. Un jour, il trouve une solution pour faire venir des secours. Si l'on place un cerf-volant[3] sur une hauteur de l'île, il sera peut-être aperçu

---

1. Consoler : faire oublier sa peine à quelqu'un.
2. Hocher la tête : bouger la tête de haut en bas.
3. Cerf-volant : armature légère sur laquelle on tend du papier ou du tissu et qu'on fait voler face au vent au bout d'une longue ficelle.

des bateaux qui naviguent au loin et les secours arriveront.

Ce projet est tout de suite accepté et tous les enfants se mettent à fabriquer le cerf-volant.

Le 17 octobre, un vent léger souffle et les jeunes garçons décident d'aller essayer l'appareil.

Installés sur une plate-forme, ils se préparent à le lancer quand, tout à coup, ils s'étonnent de voir Phann s'élancer vers la forêt en poussant des aboiements plaintifs.

– Qu'a donc Phann ? demande Briant.

– Allons voir ! s'écrie Service.

Et tous deux, accompagnés de Gordon, se précipitent derrière Phann.

Ils ont à peine fait cinquante pas qu'ils voient, au pied d'un arbre, Phann arrêté près d'une forme humaine couchée sur le sol.

C'est une femme âgée de quarante à quarante-cinq ans et elle semble morte. Gordon se penche sur elle et s'écrie :

– Elle respire!... Elle respire! Elle a sans doute faim ou soif...

Jacques court aussitôt chercher des biscuits[1] et du whisky.

Briant parvient à faire boire la femme.

Peu après, elle ouvre les yeux et son regard s'anime à la vue des enfants réunis autour d'elle.

---

1. Biscuit : gâteau.

Briant parvient à faire boire la femme.

Elle prend le biscuit que lui tend Briant, mange puis se relève et dit en anglais :

– Merci, mes enfants, merci !

Une demi-heure plus tard, Briant et Baxter la déposent dans la caverne.

Dès qu'elle va mieux, la femme commence à raconter son histoire.

Elle est d'origine américaine et s'appelle Kate. Il y a un mois, elle s'est embarquée, avec ses maîtres M. et Mme Penfield, pour qui elle travaille depuis vingt ans, sur un bateau de commerce, le *Severn*, qui se rendait de San Francisco au Chili.

Mais à bord du bateau, il y avait de très mauvaises personnes. Au bout de neuf jours, l'une d'elles, Walston, aidé de ses compagnons, Brandt, Rock, Cook, Forbes, Cope et Pike, a provoqué une révolte qui a causé la mort du capitaine et celle de M. et Mme Penfield. Leur but était de prendre possession du bateau pour faire du trafic[1] de toutes sortes.

Deux personnes n'ont pas été tuées : Kate, car l'un des hommes, Forbes, moins méchant que les autres, a voulu l'épargner, et Evans, un homme jeune, membre de l'équipage du *Severn*, sans qui ils ne peuvent diriger le bateau.

---

1. Trafic : commerce qui n'est pas permis par la loi (trafic de drogues, d'armes...).

Ces horribles scènes ont eu lieu dans la nuit du 7 au 8 octobre.

Mais quelques jours après, un incendie s'est déclaré à bord du *Severn*. Il a fallu abandonner le bateau, jeter dans la chaloupe* des provisions et des armes et s'éloigner au plus vite.

Deux jours après, une tempête s'est déchaînée et, dans la nuit du 15 au 16, la chaloupe est venue s'échouer sur la plage de l'île Chairman.

Tous les hommes sont encore en vie, comme Kate ; mais cette dernière a pu s'enfuir en prenant une autre direction que ses ennemis. C'est ainsi qu'elle a été retrouvée par les enfants. Elle sait cependant qu'ils ont des armes et qu'ils sont partis vers le nord de l'île.

Ce récit inquiète beaucoup les enfants, car d'après ce que dit Kate, sept hommes, capables de tous les crimes, sont non seulement sur l'île Chairman mais doivent être actuellement dans la région où se trouvent Doniphan et ses compagnons.

– Il faut aller à leur secours, dit Briant, et les prévenir du danger qu'ils courent.

– Il ne faut pas faire voler le cerf-volant, ajoute Gordon.

Moko et Briant font les préparatifs du départ. À huit heures, ils s'embarquent sur la yole* qu'ils ont gardée du *Sloughi*, traversent une partie du Family-lake et gagnent une rivière, l'East-river, afin de se diriger ensuite vers le nord de l'île.

Vers dix heures et demie, Briant, qui est assis à l'arrière de la yole, arrête le bras de Moko. À quelques centaines de pas de l'East-river, sur la rive droite, il y a des restes d'un feu qui fume encore. Qui a campé là ?... Walston ou Doniphan ? Il est important de le savoir.

– Débarque*-moi, Moko, puis attends-moi, dit Briant.

Il saute à terre et, un couteau à la main, il pénètre dans la forêt.

Tout à coup, il s'arrête. À une vingtaine de pas de lui, il semble voir une ombre qui avance entre les herbes. C'est alors que retentit un terrible rugissement. Puis une masse s'élance en avant. C'est un jaguar[1].

– À moi! À moi! crie une voix.

C'est celle de Doniphan. Briant accourt.

Doniphan, renversé par le jaguar cherche à se dégager.

Wilcox, réveillé par ses cris, se précipite, un fusil à la main.

– Ne tire pas ! Ne tire pas ! crie Briant.

Et il se lance sur l'animal qui lâche Doniphan pour se retourner contre lui. Il parvient à le tuer d'un coup de couteau mais l'animal a cependant

---

1. Jaguar : mammifère carnivore de l'Amérique du Sud.

Moko et Briant s'embarque sur la yole.

le temps de déchirer l'épaule de Briant d'un coup de griffes[1].

– Comment es-tu ici ? s'écrie Wilcox.

– Vous le saurez plus tard ! répond Briant. Venez ! Venez !

– Avant, je dois te remercier, Briant ! dit Doniphan. Tu m'as sauvé la vie…

– J'ai fait ce que je devais faire ! répond Briant.

La blessure de Briant saigne beaucoup. On le soigne et tous se dirigent vers la yole. Briant raconte rapidement à ses camarades ce que Kate leur a dit. Il ajoute qu'ils courent tous un grand danger avec ces criminels sur l'île. Voilà pourquoi il a dit à Wilcox de ne pas tirer sur le jaguar ; il ne fallait faire aucun bruit.

– Ah ! Briant, tu vaux mieux que moi ! s'écrie Doniphan.

– Non, Doniphan, non, mon camarade, répond Briant. Et puisque je tiens ta main, je ne la lâcherai que si tu acceptes de revenir à French-den…

– Oui, Briant, il le faut ! répond Doniphan. Compte sur moi. Maintenant, je serai le premier à obéir.

Le retour se fait sans problème.

---

1. Griffe : ongle pointu de certains animaux.

*L*ES JEUNES colons pensent qu'il faut maintenant être très prudents et rester le plus possible près de French-den, tant que Walston et ses hommes n'ont pas quitté l'île.

Cependant, il devient bientôt difficile de vivre dans ces conditions, car les enfants ont besoin de s'éloigner de temps en temps de French-den pour chasser ou pour trouver diverses plantes dont ils se nourrissent.

Briant cherche sans cesse le moyen de vérifier si Walston est encore sur l'île. Un jour, une idée lui vient. Il se rappelle avoir lu dans un livre qu'une femme avait osé s'élever dans les airs, suspendue à un cerf-volant.

Il fait sa proposition à ses camarades.

– En montant à une certaine hauteur, je peux voir toute l'île et savoir si ces hommes sont encore ici.

– C'est une opération dangereuse, dit Gordon.

– Sans doute, dit Briant, mais il faut essayer.

– Qui se suspendra au cerf-volant ? demande Gordon.

– Nous verrons, répond Briant.

– Je crois que tu as déjà fait ton choix, Briant.

– Peut-être, ajoute ce dernier.

Le 5 novembre, on installe une nacelle[1] (un des paniers trouvés dans le *Sloughi* et qui servent à tout) au cerf-volant.

Deux jours après, les enfants placent dans la nacelle un sac de terre d'un poids comparable à celui du plus lourd des jeunes garçons.

– Attention ! crie Briant.

– Nous sommes prêts, répond Doniphan.

– Allez !

Les enfants qui retiennent la nacelle et le cerf-volant commencent à lâcher de la corde et le cerf-volant s'élève dans les airs.

L'expérience est réussie.

Le lendemain, l'opération doit se réaliser.

– Rentrons, dit Gordon. Il est tard...

– Un instant, dit Briant. Nous venons d'essayer le cerf-volant et tout s'est bien passé. Est-ce que nous savons le temps qu'il fera demain? Pourquoi ne pas faire l'opération aujourd'hui? Qui veut monter?

– Moi ! dit vivement Jacques.

– Moi ! s'écrient à la fois Doniphan, Baxter, Wilcox, Cross et Service.

---

1. Nacelle : panier qu'on fixe sous un aérostat (ballon, montgolfière) et où se placent un ou plusieurs passagers pour s'élever dans les airs.

– Frère, c'est à moi de le faire !... Oui, à moi !
Je t'en prie, laisse-moi partir !

– Et pourquoi toi plutôt que moi... plutôt
qu'un autre ? demande Doniphan.

– Parce que je le dois ! répond Jacques.

– Qu'as-tu fait, demande Doniphan, pour
réclamer ce droit ?

– Ce que j'ai fait, répond Jacques, ce que j'ai
fait... Je vais vous le dire.

– Jacques ! s'écrie Briant qui veut empêcher
son frère de parler.

– Non, reprend Jacques d'une voix très émue.
Il faut que je parle... j'ai trop honte[1]. Gordon,
Doniphan, si vous êtes loin de vos parents... sur
cette île... c'est de ma faute... Par plaisanterie, j'ai
détaché l'amarre qui retenait le *Sloughi* au quai*
d'Auckland !... Quand le yacht est parti à la dérive,
j'ai eu peur et je n'ai rien dit... Ah ! pardon, mes
camarades.... Pardon !

Et le pauvre garçon ne peut plus ajouter un
mot. De grosses larmes coulent sur ses joues.
Kate, le prenant dans ses bras, essaie de le
consoler.

– Je comprends maintenant, dit Gordon,
pourquoi Briant voulait toujours te voir agir
quand il y avait du danger. Nous te pardonnons,
Jacques, de tout notre cœur.

---

1. Avoir honte : avoir le sentiment de s'être mal conduit et être
gêné de son attitude devant ses camarades.

– Oui, dit Doniphan, ne t'inquiète pas, tu es pardonné.

Briant prend son frère dans ses bras. Puis Jacques va serrer la main de tous ses camarades.

– Bien, dit Briant, c'est moi qui vais partir.

– Non, dit Jacques, laisse-moi faire.

– Tu es trop ému, répond Briant en se mettant dans la nacelle.

Dix minutes après, le cerf-volant quitte le sol.

Briant, sûr de lui, tend d'abord la corde que ses amis retiennent puis observe l'horizon.

À l'est, il remarque une tache blanche...

– Qu'est-ce que cela peut bien être ? se dit-il. Un glacier[1] ?

Il regarde encore plus attentivement avec une lunette[2] qu'il a emportée. Près du glacier, il semble voir une montagne... Est-ce que par hasard elle appartient à un continent ?

Il continue à observer et voit plus près de lui, à cinq ou six milles environ, à l'ouest du Family-lake, et donc sur l'île, un feu.

Walston et ses camarades sont toujours là. Briant en a assez vu. Il donne à ses camarades le signal de le redescendre. La descente se fait petit à petit. Enfin, la nacelle, qui est au-dessus du lac, tombe dans l'eau et tous courent aider Briant.

---

1. Glacier : champ de glace formé par l'accumulation d'épaisses couches de neige.
2. Lunette : appareil qui sert à voir au loin.

Briant s'est déjà jeté dans le lac et arrive à la nage.

Mais Briant s'est déjà jeté dans le lac et arrive à la nage.

Il raconte à ses amis ce qu'il a vu et leur redonne un peu d'espoir quand il leur fait savoir que l'île Chairman ne semble pas isolée[1] dans le Pacifique. Mais, malheureusement, leur joie cesse quand ils apprennent que Walston est dans les environs.

Le 24 novembre, une découverte préoccupe énormément les enfants.

Briant et Gordon, qui sont allés faire une courte sortie du côté de la rivière pour voir si tout est en ordre, trouvent une pipe sur la rive. Ils la ramènent à Kate, qui affirme qu'elle appartient à Walston.

Il faut maintenant être plus que jamais sur ses gardes[2]. Il est évident que les criminels sont dans les environs.

On est le 27 novembre. Il fait très chaud et, à neuf heures et demie du soir, un violent orage éclate.

Les petits, couchés dans leur lit, ont un peu peur. Enfin, vers minuit, l'orage semble s'éloigner et les enfants commencent à se rassurer.

Les grands décident d'aller se coucher lorsque Phann commence à s'agiter nerveusement et à gratter à la porte de la caverne.

---

1. Isolé : seul.
2. Être sur ses gardes : être très prudent et vigilant.

Soudain, on entend un coup de feu.

Les enfants courent chercher leurs armes et se postent derrière la porte. Une voix crie alors du dehors :

– À moi! À moi!

Kate, près de la porte, écoute...

– C'est lui ! s'écrie-t-elle.

– Lui ?... demande Briant.

– Ouvrez !... Vite, vite ! crie Kate.

On ouvre la porte. Un homme se précipite dans la caverne.

C'est Evans, l'homme d'équipage du *Severn*. C'est un homme de vingt-cinq à trente ans ; il est fort et a l'œil intelligent et le visage sympathique.

À peine entré, il se retourne, met l'oreille contre la porte puis, n'entendant rien, il murmure ces mots :

– Oui !... Des enfants !... Rien que des enfants !

Puis son visage s'éclaire d'un sourire et ses bras s'ouvrent :

– Kate ! s'écrie-t-il. Kate vivante !

– Oui ! Vivante, comme vous, Evans !

– Est-ce que nous risquons d'être attaqués, monsieur Evans ? demande Briant.

– Pas pour l'instant, mon garçon, répond Evans. Mais bientôt !

– Ils savent tout, dit Kate à Evans.

Puis elle lui raconte toute l'histoire des jeunes garçons. Leur naufrage, comment ils se sont installés sur l'île... Enfin, elle ajoute :

– Que se passe-t-il, maintenant? Que font Walston et ses hommes?

– Ils cherchent des outils pour réparer la chaloupe et quitter l'île. Un jour, ils ont vu un cerf-volant voler dans les airs et ils ont compris que quelqu'un habite l'île. Ils ont décidé de se rapprocher de l'endroit où est apparu le cerf-volant et c'est ainsi qu'ils ont découvert qu'il n'y a que des enfants ici. Ils sont maintenant tout près de French-den et ils préparent une attaque. Il y a douze heures, j'ai profité d'un moment où ils étaient absents pour m'enfuir. Ils ont découvert que je n'étais plus là et sont partis à ma recherche. Sans votre aide, je serais sûrement déjà mort. Mais, ensemble, nous allons en finir avec ces assassins, vous verrez !

– Hourra pour Evans ! s'écrient d'une seule voix tous les jeunes colons.

– Monsieur Evans, dit Gordon, vous comptez sur la chaloupe du *Severn* pour quitter l'île?

– Oui, monsieur Gordon!

– Pour traverser le Pacifique? ajoute Doniphan.

– Le Pacifique?... Non, mes enfants, répond Evans, mais pour gagner un endroit peu éloigné afin de pouvoir revenir à Auckland!

– Est-ce possible, monsieur Evans? s'écrie Briant.

– Ce n'est donc pas la mer qui s'étend autour de l'île? demande Doniphan.

– À l'ouest, oui, répond Evans. Mais au sud, au nord, à l'est, ce ne sont que des canaux[1] qu'on peut facilement traverser en soixante heures.

– Oui, à l'est! s'écrie Briant. Cette tache blanche que j'ai vue dans cette direction...

– Une tache blanche, dites-vous? dit Evans. C'est un glacier. Mais voyons, mes enfants, où pensez-vous être?

– Dans l'une des îles isolées du Pacifique ! répond Gordon.

– Une île?... Oui!... Isolée, non! Elle appartient à l'un de ces nombreux archipels* qui couvrent la côte de l'Amérique du Sud. Et, au fait, comment appelez-vous cette île?

– L'île Chairman, du nom de notre pensionnant, répond Doniphan.

– L'île Chairman! dit Evans. Eh bien, elle aura deux noms, car elle s'appelle déjà l'île Hanovre.

Les enfants apprennent alors qu'ils ne sont séparés du Chili que par des détroits. Il est donc enfin possible de penser à regagner la Nouvelle-Zélande, s'ils en finissent avec Walston et s'emparent de la chaloupe du *Severn*.

Le lendemain matin, tout se passe bien.

Le soir, avant le coucher du soleil, Webb et

1. Canal : partie d'un cours d'eau.

Cross, qui sont dehors, voient approcher deux hommes et courent avertir leurs camarades.

Kate et Evans observent discrètement les hommes puis ils déclarent que ce sont Rock et Forbes. Ils vont vite se cacher dans une petite pièce, que les enfants ont construite dans la caverne et qui leur sert à ranger beaucoup d'objets quand ils ne les utilisent pas.

Quelques instants après, Gordon dit aux deux hommes :

– Qui êtes-vous ?

– Des naufragés. Nous nous sommes perdus avec la chaloupe de notre bateau, le *Severn*.

– Vous êtes anglais ?...

– Non, américains.

– Et vos compagnons ?

– Ils sont tous morts. C'est horrible ! Nous sommes très fatigués. Pouvez-vous nous donner quelque chose à manger et nous permettre de dormir pour reprendre des forces ?

– Entrez, répondent Briant et Gordon.

Après avoir mangé, Rock et Forbes vont aussitôt se coucher. Les enfants font bientôt de même.

Deux heures passent. C'est alors que, de leurs couchettes, ils voient Rock et Forbes se lever et ramper[1] jusqu'à la porte. Arrivés là, les deux hommes se relèvent pour l'ouvrir.

---

1. Ramper : avancer en se glissant sur le ventre.

Une main se pose soudain sur l'épaule de Rock. C'est celle d'Evans.

– Aidez-moi, les enfants ! crie Evans.

Les enfants se précipitent alors sur Forbes et l'empêchent de bouger.

Mais Rock a reconnu Evans et essaie de lui donner un coup de couteau. Evans se retire rapidement et Rock parvient à s'enfuir. Evans tire un coup de feu et le tue.

Entre-temps, Forbes a réussi à se dégager des enfants et il essaie également de fuir. Le même sort que son compagnon l'attend.

Mais Walston et le reste de ses hommes sont cachés près de là et ils commencent à tirer des coups de feu.

Les enfants, bien armés, répondent à leur attaque. Deux autres hommes tombent morts. Les autres s'enfuient dans la forêt.

Le reste de la nuit est calme.

Le lendemain matin, les grands partent avec Evans à la recherche de Walston et du reste des criminels, pendant que les petits, avec Kate, s'occupent d'enterrer les morts.

Les enfants et Evans, accompagnés de Phann, avancent avec prudence dans la forêt. Tout à coup, ils entendent un coup de feu sur la droite. Une balle passe au-dessus de la tête de Briant.

Un autre coup de feu part aussitôt, suivi d'un cri. C'est Doniphan qui a tiré au hasard. Phann se précipite vers l'endroit d'où est venu le cri. Doniphan et ses compagnons courent derrière lui. Un homme est couché au pied d'un arbre.

– C'est Pike, dit Evans. Il est mort! Un de moins.

– Les autres ne doivent pas être très loin, dit Baxter.

– En effet, dit Evans. Attention, mes enfants, restez ensemble et avancez prudemment.

Un autre coup de feu éclate, à gauche, cette fois.

Doniphan répond. On entend un nouveau cri et un bruit de course. Tous se précipitent; ils trouvent un homme mort et voient un autre qui fuit à toute vitesse. C'est Walston. Evans tire. L'homme tombe. Il essaie de se relever. Mais en vain. Il retombe. Il est mort.

Les enfants ne peuvent le croire. Ils sont enfin débarrassés de ces horribles assassins.

Ils peuvent maintenant penser à retourner dans leur cher pays.

*A*VEC L'AIDE d'Evans, les enfants réparent la chaloupe du *Severn* et s'embarquent. Le 11 février, ils atteignent le détroit de Magellan.

Le 13, la chaloupe est vue par un bateau, le *Grafton*, qui fait route vers l'Australie.

Les enfants, Kate et Evans montent à bord et arrivent dans le port d'Auckland le 25 février.

À quelques jours près, deux ans ont passé depuis que les quatorze élèves du pensionnat Chairman ont été entraînés loin de la Nouvelle-Zélande.

On imagine facilement la joie de ces familles auxquelles leurs enfants sont rendus, alors que tous les croyaient à jamais perdus dans le Pacifique.

En un instant, toute la ville apprend l'arrivée des naufragés. Tous viennent les acclamer au moment où ils tombent dans les bras de leurs parents.

Kate, Evans et les enfants s'embarquent sur le Severn.

La mer et la navigation

Amarre : corde qui sert à retenir un bateau en l'accrochant à un point fixe.

Archipel : groupe d'îles.

Bâbord : côté gauche d'un bateau (quand on est face à l'avant du bateau).

Barre : roue qui fait marcher le gouvernail.

Capitaine : personne qui commande un bateau.

Capot : construction légère qui recouvre les ouvertures, les appareils placés sur un pont.

Chaloupe : petite barque qu'on emporte dans un bateau et qu'on jette à la mer en cas de naufrage.

Chavirer : couler ou se renverser.

Côte : bord de la mer.

Débarquer : descendre d'un bateau.

Dérive (bateau en dérive) : bateau emporté par le vent et le courant et qu'on ne peut pas contrôler.

Échouage : action d'être jeté sur la côte.

Échouer : bateau qui est jeté sur la côte.

Embardée : brusque changement de direction d'un bateau à cause du vent, des vagues.

Embarquer : monter sur un bateau pour faire un voyage.

Falaise : sorte de montagne raide, causée par le travail de la mer sur la roche.

Golfe : bassin que forme la mer en avançant à l'intérieur des terres.

Gouvernail : élément qui sert à régler la direction d'un bateau.

Lame : vague.

Lever l'ancre : partir (pour un bateau), en retirant l'ancre (énorme crochet de métal qui immobilise le bateau) / jeter l'ancre.

Marin : toute personne qui travaille sur un bateau ; navigateur.

Mousse : jeune garçon de moins de quinze ans qui apprend le métier de marin.

Naufragé : personne qui a fait naufrage, c'est-à-dire dont le bateau a coulé.

Pont (d'un bateau) : Plate-forme entourée d'une balustrade ; c'est là que se trouve la barre.

Quai : endroit où les bateaux sont amarrés dans un port.

Radeau : embarcation faite avec des planches de bois et des cordes.

Récif : rocher (banc de récifs : amas, entassement de rochers).

Tribord : côté droit d'un bateau (quand on est face à l'avant du bateau).

Voile : morceau de toile qu'on hisse sur un bateau pour recevoir le vent et pouvoir avancer.

Yacht : bateau de plaisance.

Yole : embarcation légère qu'on fait avancer avec des rames.

Chapitre I

1. Où se trouve le pensionnat Chairman ?

2. Pourquoi, le 14 février, les élèves du pensionnat sont-ils contents ?

3. Quel est le caractère de Doniphan ?

4. Qui est Phann ?

5. Quand les enfants arrivent au bateau, qui est-ce qui les reçoit ?

6. Qu'est-ce que font les enfants dès qu'ils sont sur le bateau ?

7. Que se passe-t-il vers deux heures du matin ?

8. Après avoir fait des recherches, qu'est-ce que le directeur du port doit annoncer aux parents des enfants ?

Chapitre II

1. Quelle nouvelle Moko donne-t-il aux enfants, vers quatre heures et demie du matin ?

2. Qu'est-ce que Briant arrive à distinguer depuis l'avant du bateau ?

3. Pourquoi Briant fait-il monter les enfants sur le pont ?

5. Pendant la tempête, quelle est l'attitude des plus jeunes enfants ?

6. Comment le *Sloughi* échoue-t-il sur la plage ?

Chapitre III

1. Quelle est la première question que se posent les enfants en arrivant sur cette terre inconnue ?

2. Quelle est la première chose que les enfants désirent faire après tant de jours passés en mer ?

3. Pourquoi Jenkins appelle-t-il tous ses camarades ?

4. Pourquoi Briant décide-t-il de tuer la tortue ?

5. Quelles sont les différentes découvertes qui prouvent aux enfants que quelqu'un a déjà vécu sur la terre où ils ont échoué ?

6. Qui était François Baudoin ?

7. Grâce à la carte de Baudoin, qu'est-ce que les enfants apprennent sur la terre où ils vivent ?

Chapitre IV

1. Quel nom les enfants vont-ils donner à l'île ? Pourquoi ?

2. Qui sera le chef de l'île ?

3. Après la promenade au bord du Family-lake, que font les enfants ?

4. Comment le premier hiver sur l'île se passe-t-il ?

Chapitre V

1. Pourquoi les jeunes garçons décident-ils d'aller chasser des phoques ?
2. Comment les jeunes colons fêtent-ils Noël ?
3. Qui devient le nouveau chef de la colonie après l'élection ?
4. Quelle est l'attitude de Doniphan et de ses camarades après l'élection du nouveau chef ?
5. Que décident-ils de faire ?

Chapitre VI

1. Qu'est-ce que Gordon dit à Briant pour le consoler du départ de Doniphan ?
2. Pourquoi Briant décide-t-il de placer un cerf-volant sur une hauteur de l'île ?
3. Qui est Kate ?
4. Qu'apprend-elle aux enfants ?
5. Où les criminels se sont-ils dirigés ?
6. Pourquoi Briant part-il à la recherche de Doniphan et de ses camarades ?
7. Quelle est la réaction de Doniphan envers Briant quand celui-ci lui sauve la vie ?

Chapitre VII

1. Quelle est l'idée de Briant pour vérifier si les criminels sont toujours sur l'île ?

2. Pourquoi Jacques veut-il absolument monter dans la nacelle du cerf-volant ?

3. Qu'est-ce qu'il avoue à ses camarades ?

4. Quelles sont les découvertes que fait Briant depuis la nacelle du cerf-volant ?

5. Que se passe-t-il dans la nuit du 27 novembre ?

6. Comment Walston et ses hommes ont-ils découvert la présence des enfants sur l'île ?

7. Pourquoi veulent-ils entrer dans French-den ?

8. Quel est, en réalité, le nom de l'île où vivent les enfants ? Où se trouve-t-elle exactement ?

Épilogue

1. Quand les enfants arrivent-ils à Auckland ?

2. Quel accueil leur fait-on ?

Édition : Martine Ollivier
Couverture : Michèle Rougé
Illustration de couverture : ill. de Louis Benett (1888) /Collection JONAS / Kharbine-Tapabor.
Coordination artistique : Catherine Tasseau
Intérieur : portrait de J. Verne (p. 3) /Archives Nathan / Roger-Viollet
Illustrations de Louis Benett (1988) /Collection JONAS / Kharbine-Tapabor
Recherche iconographique : Gaëlle Mary
Réalisation PAO : Marie Linard
N° de projet : 10247387 – Dépôt légal : janvier 2011
Imprimé en France en juillet 2018 - N° d'imp. : F18/58007N
par l'Imprimerie Maury S.A.S. à Millau (12)